LAZARO DROZNES

I0473856

El Plan de Negocios

Guía práctica para armar un plan de negocios profesional basada en modelos, plantillas y check lists.

Para mayor información sobre nuestros productos:

www.autodesarrollo.com
www.autoayudaparagerentes.com

Publicado por AUTODESARROLLO
para su colección
AUTOAYUDA PARA GERENTES

ISBN-13:
978-1478126447

ISBN-10:
1478126442

Hecho el depósito en la Dirección Nacional del Derecho de Autor requerido por la Ley de Propiedad Intelectual 11723 de la República Argentina

INDICE DE CONTENIDOS

Antes de Empezar

BENEFICIOS DE UN PLAN

Cuando encaramos cualquier proyecto en la vida, de negocios o personal, todos tenemos un plan. Puede ser consciente o inconsciente, verbal o escrito. Todos tenemos una idea de los pasos necesarios para conseguir un objetivo, los costos y beneficios asociados, los riesgos, la posibilidad de éxito y de fracaso. En los negocios es ampliamente conveniente un plan por escrito.

Los beneficios que podemos esperar de un plan de negocios escrito son:

♦ Los negocios con planes escritos tienen más éxito. Este hecho solamente justifica el gasto y el trabajo de realizar un plan de negocios.

♦ Ayuda a clarificar, enfocar e investigar el negocio sin dejar "zonas erróneas".

♦ Ayuda a coordinar los diferentes factores de un negocio que son necesarios para el éxito.

♦ Permite confrontar las ideas con la realidad porque la dinámica del plan fuerza a considerar todos los factores relevantes del negocio, sin "olvidarse" de ninguno.

♦ Es una herramienta muy útil para conseguir la adhesión de elementos clave del negocio: inversionistas, proveedores, equipo de *management*.

♦ Es un cronograma de tareas que permite lanzar las tareas de acuerdo con un calendario establecido.

3

♦ Es una herramienta de modelado del negocio que permite trabajar sobre cambios cuando algunos de los factores del negocio experimenta una variación.

♦ Es un sistema de referencia para evaluar el progreso del proyecto y ajustar el plan en función de resultados parciales.

♦ Es un punto de referencia para futuros planes de nuevos proyectos que aparezcan a medida que el negocio evoluciona.

> *La preparación de un plan de negocios no garantiza el éxito en la obtención de inversiones y apoyos, pero su ausencia garantiza, casi con seguridad, el fracaso.*

> *Es un ejercicio arduo y doloroso, pero esencial. El proceso de planeamiento obliga a entender con más claridad lo que hay que hacer y cómo hacerlo. Aunque no se necesite un apoyo externo, un plan de negocios es importante para evitar errores y reconocer oportunidades escondidas.*

CHECK LIST DE INICIO

El siguiente *check- list* ayuda a tener un panorama general del proyecto en la mente antes de empezar a escribir el plan. Una visión global le facilitará coordinar las ideas, establecer interrelaciones entre los diversos capítulos del plan y contribuirá a crear la impresión de coherencia y homogeneidad.

❖ ¿Por qué este negocio será exitoso?

❖ ¿Qué necesidad específica satisface este producto o servicio?

❖ ¿Cuál es la expectativa de vida del producto?

- ❖ ¿Cómo afectan los cambios en tecnología a su producto y negocio?
- ❖ ¿Por qué este negocio y este producto son algo únicos?
- ❖ ¿Tiene el producto una marca reconocida?
- ❖ ¿Hay demanda existente para el producto?
- ❖ ¿El producto es de línea o hecho a medida?
- ❖ ¿El comprador es el usuario final del producto?
- ❖ ¿Existen sustitutos para su producto?
- ❖ ¿Alquila o es dueño de la propiedad/instalaciones?
- ❖ ¿Cuáles son los términos de su contrato de alquiler?
- ❖ ¿Las instalaciones están adecuadas para una futura expansión?
- ❖ ¿La expansión requerirá una nueva ubicación?
- ❖ ¿Quién es el dueño de la patente?
- ❖ ¿Qué clase de acuerdo tiene con la empresa dueña de la patente?
- ❖ ¿Alguien más tiene un convenio de patente?
- ❖ ¿Por qué tiene su negocio un alto potencial de crecimiento?
- ❖ ¿Es un producto de venta masiva o tiene pocos grandes compradores?
- ❖ ¿Cuáles son las características demográficas de sus clientes?
- ❖ ¿Cuáles son las tendencias actuales de mercado?
- ❖ ¿Qué características estacionales hay en la industria?
- ❖ ¿Cuál es su competencia?
- ❖ ¿Cuáles son las claves del éxito en su sector?

❖ ¿Qué ventaja tiene la competencia sobre usted?

❖ ¿Qué ventajas tiene usted sobre su competencia?

❖ ¿Cuánto tiempo transcurre entre el contacto inicial con el cliente y la venta?

❖ ¿Cómo se insertan su compañía y producto en el sector?

❖ ¿Cómo determinó las ventas totales del sector y su tasa de crecimiento?

❖ ¿Qué cambios en la industria pueden afectar las ganancias?

❖ ¿Qué singularidad tiene su negocio?

❖ ¿Por qué tendrá éxito si debe competir con compañías más grandes?

❖ ¿Cómo cree que reaccionará su competencia frente a sus acciones?

❖ ¿Cómo hará para ocupar una porción del mercado?

❖ ¿Cuáles son los elementos críticos de su plan de marketing?

❖ ¿Qué importancia tiene la publicidad en su plan de marketing?

❖ ¿Qué influencia tiene la publicidad sobre sus ventas?

❖ ¿Cómo cambiarán las estrategias de marketing en el tiempo?

❖ ¿Es necesario un esquema de venta directa?

❖ ¿Los canales de distribución son accesibles?

❖ ¿Cuál es la importancia del control de calidad?

❖ ¿Cómo son las políticas de salud y seguridad?

❖ ¿Quiénes son sus proveedores y qué antigüedad tienen?

- ❖ ¿Cuántos proveedores distintos existen?
- ❖ ¿Hay o puede haber escasez de insumos?
- ❖ ¿Cuáles son las investigaciones en curso de desarrollo?
- ❖ ¿Cuál es el gasto anual en investigación y desarrollo?
- ❖ ¿Cómo impactará la investigación y desarrollo en futuras ventas?
- ❖ ¿Qué experiencia de negocios tiene su equipo de *management*?
- ❖ ¿Qué logros han conseguido sus miembros?
- ❖ ¿Cuáles son las motivaciones de cada miembro del equipo?
- ❖ ¿Puede el equipo efectuar el trabajo propuesto en el plan de negocios?
- ❖ ¿Cuántos empleados tiene o necesita? ¿De qué tipo?
- ❖ ¿Cuáles son las fuentes de la oferta de trabajo?
- ❖ ¿Cuál es el costo del entrenamiento?
- ❖ ¿Existe algún gremio? ¿Cuál es la relación de éste con la empresa?
- ❖ ¿Cuáles son los requerimientos de capital para los próximos cinco años?
- ❖ ¿Para qué será usado el capital conseguido a través del plan?
- ❖ ¿Cómo recuperarán los inversores su dinero?
- ❖ ¿Qué ganancia pueden esperar los inversores y en cuánto tiempo?
- ❖ ¿Quiénes serán los receptores del plan y qué características tienen?

❖ ¿Qué asesoramiento profesional es necesario (contador, abogado, etc.)?

❖ ¿Quiénes pueden leer los borradores y emitir un juicio objetivo?

❖ En el lugar del inversor, ¿qué objeciones haría al plan?

❖ ¿Qué respuestas hay a dichas objeciones?

Sumario

El sumario es la sección más importante de su plan de negocios. Normalmente es la primera sección dentro del plan de negocios que los inversores van a leer y puede ser la última si está mal escrita.

Un sumario debe hacer una breve descripción de la compañía, el producto o servicio y de la oportunidad única que el proyecto ofrece. También debe proveer una pequeña descripción de los miembros más importantes del equipo directivo y un esquema de la inversión que está buscando. No olvide de mencionar por qué necesita la plata y cómo los inversores van a recuperarla.

Un buen sumario debe generar una primera impresión favorable en la mente de su cliente sobre Usted y su proyecto. Es la única oportunidad de causar una buena primera impresión.

Limite la extensión de su sumario a no más de 2 o 3 páginas y remítase a los hechos. Los inversores están buscando evidencias que justifiquen la solidez de su oportunidad y que generen un entusiasmo que los lleve a la acción.

El sumario es el plan de negocios en miniatura. Debe sostenerse por sí solo, casi como un plan de negocios dentro del plan de negocios. Debe ser lógico, claro, interesante y excitante. El inversor debe ser capaz de leerlo en cuatro o cinco minutos y entender de qué se trata el negocio y por qué tendrá éxito.

MODELO

Objetivo

El objetivo de este plan es obtener una inversión de u$s __ que se usarán para financiar los gastos de lanzamiento de nuestro servicio en un nuevo mercado y las necesidades de caja hasta que las operaciones provean el efectivo necesario.

La Oportunidad

El equipo de management de la compañía ha desarrollado investigaciones primarias y secundarias en el mercado... y ha identificado un segmento de magnitud que presenta un potencial considerable importante de negocios.

El servicio de la empresa está posicionado de una manera inmejorable para servir a este segmento del mercado debido a sus características. El equipo de *management* estima que el segmento desatendido del mercado generará una cantidad estimativa de u$s __ en ventas y que la compañía capturará un __ por ciento del mercado para el año____.

La Empresa

En el mes de ____ del año _____ los directivos
_____ crearon la empresa
_____ que ha tenido un desarrollo exitoso en los siguientes
 mercados _____ La compañía está ubicada en la ciudad de
_____, estado de _____

El Producto/Servicio

El principal producto/servicio es _____ y es único en cuanto a las siguientes características y beneficios:

El producto/servicio es fabricado a la medida del cliente y puede configurarse para satisfacer una amplia variedad de necesidades de los clientes.

Las necesidades que el servicio/producto puede satisfacer son:

_____

_____

El Mercado
El mercado del sector ha evolucionado en los últimos tres años del siguiente modo:

Año	Volumen (u$s)
_____	_____
_____	_____
_____	_____

Según las siguientes agencias _____
el mercado crecerá con un ritmo de__% en los próximos cinco años.

Nuestro *management* reconoce una enorme necesidad insatisfecha en el mercado de nuestro producto/servicio. En una encuesta propia realizada recientemente el ....% de los clientes afirmó que compraría nuestro producto/servicio en caso de estar disponible.

Este segmento del mercado con gran potencial ha sido ignorado por nuestros competidores. La competencia que enfrentamos proviene de las siguientes empresas

_____

Estas empresas se especializan en el producto/servicio con las siguientes diferencias de precio y calidad:

_____

11

Estrategia e Implementación de Marketing

Nuestra compañía se distingue de sus competidores por su propuesta única de ventas . Su ventaja competitiva es la habilidad para proveer el producto/servicio a sus clientes más rápidamente y con mejor calidad que cualquiera de sus competidores.

Nuestro equipo gerencial ha desarrollado una estrategia de marketing que le posibilitará lograr sus metas de ventas y rentabilidad rápidamente. El plan se divide en tres etapas:

Estrategia 1
Estrategia 2
Estrategia 3

Nuestra empresa alcanzará los siguientes logros durante el período cubierto por este plan:

Meta 1
Meta 2
Meta 3

Plan Financiero

La empresa se consolidará en una situación de rentabilidad superior en un
____ % al promedio del mercado y accederá a un crecimiento autofinanciado a partir del segundo año. La proyección para el Informe de Ganancias y Pérdidas de los próximos tres años es:

	AÑO 1	AÑO 2	AÑO 3	AÑO 4
Ventas	38.000	86.000	104.000	120.000
Costo de Ventas	28.000	52.000	67.500	73.000
Margen bruto	10.000	34.000	36.500	47.000
Gastos operativos	21.500	32.000	35.000	42.000
Ingresos operativos	-11.500	2.000	1.500	5.000
Ingresos no operativos	-	200	400	300
Total antes impuestos	-11.500	2.200	1.900	5.300
Impuestos	-	4	6	9
Ingresos netos	-11.500	1.800	1.300	4.400
Dividendos a distribuir	-	-	300	1.200
Capitalización	-11.500	1.800	1.000	3.200

Management

Nuestro equipo de *management* incluye varios ejecutivos con antecedentes exitosos en la industria, y experiencia en operaciones de nuevos proyectos. Está integrado por:

Director Ejecutivo:
Nombre:
Experiencia anterior:
Logros:

Gerente de Marketing
Nombre :
Experiencia anterior:
Logros:

Gerente de Operaciones
Nombre:
Experiencia anterior:
Logros:

Gerente Financiero
Nombre:

Experiencia anterior:
Logros:

Estrategia de Salida:

Dados los resultados financieros expresados anteriormente, el *management* cree que estará en una excelente posición para ofrecer a los inversores la recuperación de la inversión a través de la adquisición por parte de un líder de la industria que podrá estar interesado en la operación dado el valor estratégico que tendrá nuestra compañía dentro de tres años.

Asimismo, los bancos que han realizado préstamos a corto y mediano plazo podrán recuperar su inversión a través del flujo de fondos generado por el negocio.

También nuestro equipo gerencial está interesado en considerar la compra de las acciones en poder de los inversores dentro de los primeros cinco años.

Una razonable valuación de la compañía, teniendo en cuenta las ventas y rentabilidad delineadas anteriormente, sería de u$s_____
En consecuencia el valor de las participaciones incluidas en este plan de negocios sería de u$s _____, lo que implica un incremento de ___% en el lapso de ____ años.

Errores Frecuentes

Luego de finalizar su primer borrador, utilice la siguiente lista para mejorar en sucesivas versiones.

- Ausencia de foco.

- Demasiado largo, sin llegar a la idea central.

- Trata de incluirlo todo.

- No demuestra que es una oportunidad única y especial.

- No logra definir con claridad el proyecto.
- No genera entusiasmo en el lector.
- Es un resumen del plan de negocios.
- Es una introducción al plan de negocios.
- Es una colección de momentos culminantes del proyecto.

Soluciones

- Limite su sumario a un máximo de tres páginas.
- En lo posible intente hacerlo con una o dos páginas.
- Enfoque la esencia del negocio e impacte con un relato sintético.
- Concéntrese en la oportunidad que le está presentando a su inversor y
  explique por qué la oportunidad es especial.
- Compruebe que las afirmaciones presentes en su sumario estén plenamente respaldadas en otras secciones de su plan de negocios.

- Limítese a describir sólo hechos concretos y figuras que expliquen su concepto de negocio, nicho de mercado y proyecciones financieras.

- No olvide incluir los detalles de su inversión, tales como la cantidad de dinero que necesita, en qué lo gastará y el rédito que le ofrece a su inversor.

- Considere quiénes son sus potenciales inversores, por qué están leyendo su plan de negocios y la respuesta que Ud. espera generar en ellos.

Índice de Contenidos

Un índice de contenidos bien diseñado asegura que los lectores de su plan de negocios no pierdan tiempo buscando la información que más les interesa. Muy pocos inversores leerán su plan de principio a fin. En cambio, saltarán de un sector a otro en busca de los detalles que necesitan para tomar la decisión.

Es conveniente colocar la tabla de contenidos inmediatamente después del sumario en su plan de negocios. La mayoría de los lectores empezarán con su sumario y luego querrán ubicar la información específica que necesiten.

El índice de contenidos debe nombrar todas las secciones importantes dentro de su plan de negocios. También debe dividirse en subsecciones importantes. Asegúrese de incluir un número de página para cada sección y subsección.

El índice de contenidos se debe completar una vez finalizado el resto de su plan de negocios. Debe estar organizado en forma clara, pulcra y numerado en forma apropiada. Los errores, descuidos o faltas de ortografía presentes en la tabla de contenidos le darán a su lector la impresión de que Ud. es desorganizado y descuidado.

El índice de contenidos es una radiografía de su plan de negocios. La percepción del lector debe ser de una estructura sólida, ordenada, orgánica, sin fisuras o incoherencias.

MODELO

Cada plan de negocios es diferente y cada índice de contenidos deberá adecuarse a cada plan. Use sólo aquellos títulos de la lista que tengan sentido para su plan.

Sumario

Índice de Contenidos

Declaración de Misión y Visión
        Declaración de la misión
        Visión de la empresa
        Valores de la empresa

Descripción de la Empresa
        Aspecto legal
        Descripción e Historia de la empresa
        Estado actual
        Planes futuros
        Gerencia clave

Descripción del Producto/Servicio
        Descripción del producto/servicio
        Ventajas del producto/servicio
        Características del propietario
        Actividades de desarrollo del producto
        Debilidades del producto

Análisis del Sector
        Visión general de la industria
        Nicho de la compañía
        Participantes de la industria
        Tendencias del sector y patrones de crecimiento

Plan de Marketing
        Características demográficas mercado/objetivo
        Tendencias de mercado/objetivo y patrones de crecimiento
        Tamaño y potencial del Mercado
        Precios, estrategia y posicionamiento
        Publicidad
        Canales de distribución
        Relaciones públicas y promoción

Descripción del proceso de ventas
Canales de distribución
Políticas de servicio y garantía
Alianzas estratégicas

Competencia

Competidores directos
Competidores indirectos
Comparación de fuerzas y debilidades
Nicho competitivo de mercado
Análisis de los segmentos de mercado
Barreras para la entrada

Plan de Operaciones

Locación
Dominio de propiedad/términos de arrendamiento
Equipos
Políticas de compras
Procesos de manufactura y operaciones
Objetivos más importantes
Medidas de control de calidad
Procedimientos administrativos y controles
Personal y entrenamiento
Consideraciones de trabajo
Sistemas de Control de *Management*
Estatuto de la empresa
Logística y distribución

Plan Financiero

Resumen financiero
Historial financiero de 3-5 años
Pronósticos financieros
Análisis de equilibrio financiero
Relación de valores financieros
Resumen de propiedad actual
Requerimiento de fondos/términos de inversión
Fuentes y usos de los fondos.

Equipo gerencial

Altos ejecutivos
Directorio
Consultores

Riesgos críticos

Competencia
Management
Legales
Tecnología

Estrategia de Salida

Riesgos más importantes
Mayores obstáculos para el éxito del producto

Apéndices

Muestras/imágenes
Currículum del equipo gerencial
Información sobre locaciones
Documentos legales
Otros datos importantes

Errores Frecuentes

- No categorización de las secciones y subsecciones.

- Numeración de páginas que no se corresponden con el contenido del plan.

- Dos páginas de longitud, cuando podría tener sólo una.

- Provee demasiados detalles y está desordenada.

- El texto no está alineado de manera uniforme y luce desprolijo, caótico.

- Aparenta una falta de criterio para el diseño visual del índice.

Soluciones

➢ Verifique la apariencia sólida y ordenada.

➢ Pida opinión de terceros para verificar la apariencia del informe.

➢ Estructure con claridad el índice.

➢ Controle la numeración de las páginas.

Misión / Visión

Las declaraciones de misión y visión caracterizan no solamente su plan de negocios sino también su compañía. Informan al lector aquello que su negocio representa, sus creencias y lo que intenta lograr.

La economía de palabras es esencial. Cada palabra deber ser poderosa y significativa. Sea claro, conciso y muestre claramente lo que su compañía está tratando de lograr.

> *VISIÓN define el sueño a largo plazo. Puede parecer ridículo y fantástico, pero la visión está siempre un poco más allá de lo posible. Es lo que está constantemente luchando por lograr y se convierte en una razón de ser.*

> *MISIÓN es lo que están intentando realizar en términos concretos. Aquello que quiere hacer o conseguir. Es también un desafío, pero viable. Una declaración de misión bien escrita demuestra que conoce su negocio, ha definido su meta única y puede articular sus acciones en forma concisa.*

MODELO

Declaración de Misión

Nuestra misión es diseñar, desarrollar, producir e instalar sistemas para validación en línea de tarjetas de crédito en Internet y sistemas de administración de transacciones en línea. Estos sistemas están estructurados en red con hardware específico provisto por proveedores importantes. Se venden a pequeñas, medianas y grandes compañías para una variedad de aplicaciones de comercio electrónico. Los sistemas se distinguen por la capacidad de interacción, por su evolución permanente y por la facilidad de modificación de los parámetros de operación.

Declaración de Visión

Dentro de cinco años estaremos en la posición de liderazgo en el rubro de sistemas de administración de transacciones en línea con tarjetas de crédito con una participación de mercado del 50%. Estaremos operando desde una planta de _____ metros cuadrados, con ventas anuales de u$s _____ y una rentabilidad del __% sobre ventas y de ___. % sobre el patrimonio.

Continuaremos la expansión actual a través de la intensificación del gasto en investigación y desarrollo, alianzas estratégicas, compras de empresas con alta sinergia y nuevas rondas de financiación.

Consideramos que a partir del sexto año estaremos en condiciones de salir a la bolsa realizando una oferta pública de acciones.

Errores Frecuentes

♦ Es una reiteración de la descripción de su negocio.

♦ Es aburrido.

♦ Es demasiado extenso.

♦ Hay una emoción exacerbada.

♦ Todo está exagerado.

♦ Revela falta de convicción.

Soluciones

➢ Escriba lo que cree y crea en lo que escribe.

➢ Sea honesto.

➢ No trate de impresionar. Sea Ud. mismo.

➢ Diga exactamente lo que Ud. cree que va a hacer.

➢ Si Ud. no lo cree, no lo escriba.

Descripción de la Empresa

Describe la información básica del contexto y el concepto de negocio. Debe explicar qué es la empresa y qué hace. Debe incluir la historia sobre cómo llegó hasta este punto y hacia dónde intenta ir en el futuro. Abarca los siguientes ítems:

Aspecto Legal

Información sobre la constitución legal de la empresa y todos los aspectos relacionados.

Descripción del Negocio

Breve síntesis del concepto de su negocio actual con un párrafo de tres líneas.

Historia de la Compañía

Trayectoria de la empresa en una línea de tiempo e incluya los logros y conquistas más importantes.

Explique cómo se inició la empresa, las fuerzas que la impulsaron y la evolución de su producto/servicio a través del tiempo.

Incluya datos históricos de ventas, ganancias, unidades vendidas, número de empleados y otros hechos importantes de su negocio

Estado Actual

Describa una foto del momento actual.

¿Está Ud. en una sola locación, qué vende Ud. ahora, cuántos empleados tiene y cuán exitoso es?

Describa su potencial, pero también honesta y francamente, señale sus debilidades. Los inversores saben que todos los negocios tienen puntos débiles y reconocer este hecho marca puntos a su favor.

Metas Futuras

¿Adónde se dirige su compañía?
¿Qué intenta Ud. lograr en los próximos 2, 3, 5 y 10 años? Describa sus metas para la inversión que está solicitando, explique por qué necesita el dinero y que hará con él. Use un lenguaje optimista, pero realista. Es fácil hacer proyecciones color de rosa acerca del futuro de su empresa, pero es más difícil que le crean.

Errores Frecuentes

♦ Incluir demasiada información detallada sobre su negocio.

♦ Proveer información que se pudiera considerar como "opinión personal".

♦ Aparecer como si no tuviera ninguna historia ni trayectoria.

♦ Dejar afuera negocios importantes y especificaciones legales.

♦ Escribir el capítulo de una manera desorganizada o confusa.

Soluciones

➢ Explicar qué es su negocio

➢ Explicar quién lo hace y con quién.

➢ Explicar cómo se hace.

➢ Explicar dónde se hace.

➢ Explicar cuándo se hace.

Producto / Servicio

Es una de las partes más importantes de su plan de negocios. Es la oportunidad de explicar claramente su producto/servicio, identificar sus características y beneficios, describir las necesidades que satisfacen y los problemas que solucionan.

Producto

Explique su producto, qué es, qué hace, sus características y beneficios.

Describa su tamaño, forma, color, costo, diseño, calidad, capacidades, duración tecnológica y protección de patente.

También puede explicar cómo se produce, los materiales requeridos y el tipo de trabajo que se necesita.

¿Por qué es un producto único, diferente?

Servicio

Explique de qué se trata, cómo funciona y qué necesidades cubren en el mercado.

¿Qué hace a su servicio diferente?

¿Qué material o equipo se necesita?

¿Cuáles son sus días y horas de operación?

Explique los pasos en el proceso de su servicio y los beneficios que Ud. ofrece a sus clientes.

Escriba esta sección con suficiente información para satisfacer la curiosidad de un neófito, pero sin aburrirlo con detalles triviales.

Errores Frecuentes

◆ Enfatizar las características del producto/servicio en lugar de sus beneficios.

◆ Lenguaje demasiado técnico con muchas palabras o muy específicas de la industria.

◆ Dar por sentado que un producto/servicio se venderá "solo".

◆ Describir el producto/servicio en términos demasiado generales.

◆ No incluir una evaluación de una tercera parte o el análisis de su producto.

◆ Subestimar la importancia de proteger legalmente su producto/ servicio.

◆ Omitir la necesidad que satisface el producto servicio.

Soluciones

➢ Obtener consejo legal acerca de marcas y patentes.

➢ Enfatizar beneficios enlugar de características.

➢ Ponerse en el lugar del oyente, que no conoce el producto/servicio.

Análisis sectorial

Cada negocio opera dentro de un sector. Su plan de negocios debe demostrar que Ud. entiende e incluye en la evaluación a los factores importantes de su industria y la coyuntura actual y futura.

¿Cómo definir su industria? Son las compañías proveedoras de productos y servicios similares a la suya. Cualquier negocio que se encuentra entre el proveedor de materia prima hasta el final del canal de distribución para su tipo de producto o servicio es parte de su industria.

En el plan de negocios responda las siguientes preguntas:

❖ ¿Cuál es el tamaño de su industria? Descríbala con números.

❖ ¿Cuáles son las tendencias de crecimiento?

❖ ¿Qué factores están influyendo el crecimiento en su industria?

❖ ¿Qué tendencias se esperan en los años venideros?

❖ ¿Cuáles son las barreras de ingreso en su industria?

❖ ¿Cuántas compañías se espera que ingresen en su industria en el futuro?

❖ ¿Qué reglamentaciones gubernamentales inciden en su actividad?

❖ ¿Es su industria altamente regulada o poco regulada?

❖ ¿Cuáles son los FACLADE (factores clave de éxito) en la industria?

Errores Frecuentes

♦ No demostrar una comprensión sólida de cómo funciona su industria.

♦ Aparentar desconocimiento de las compañías que forman su sector.

♦ Falta de conocimiento del lugar que su negocio ocupa en el conjunto del sector.

♦ Omitir tendencias de crecimiento y estadísticas significativas para su industria.

Soluciones

➢ Investigar.

➢ Investigar.

➢ Investigar.

Plan de Marketing

Todo buen plan de marketing debería incluir dos partes principales: una definición del target o grupo objetivo y un programa de marketing para promocionar su mercado y vender su producto o servicio.

MERCADO OBJETIVO

Es crítico definir claramente en su plan de negocios el target *al que Ud. apunta dentro del mercado. El objetivo en esta sección es describir un perfil demográfico del consumidor típico. Cuanto más claramente esté definido el cliente, más fácilmente se podrá armar un programa de marketing para llegar a él en forma efectiva.*

Aunque su producto o servicio pueda satisfacer las necesidades de una amplia área de potenciales clientes, la meta es definir su base de clientes lo más específicamente posible (tanto cuantitativa como cualitativamente). Considere los siguientes rubros para definir a su clientela:

Individuos

Edad
Género
Nivel de ingresos
Ciclo de vida familiar (soltero, casado, divorciado, viudo)
Ocupación
Educación
Raza/grupo étnico
Clase social

Empresas

Producto/servicio vendido
Años dentro del negocio

Facturación
Número de empleados.
Privado/público

Geografía

¿Dónde se encuentran sus consumidores?
¿Están en las áreas urbanas o residen en áreas rurales?
La tecnología ha hecho que para muchas proyectos la ubicación geográfica no sea un factor relevante, pero sigue siendo un elemento importante para la definición del *target*.

Decidir correctamente en qué diario debe poner un aviso le ahorrará dinero y contribuirá a generar más resultados efectivos de marketing. Identifique a su cliente por las siguientes características:

País/región
Estado
Ciudad/pueblo
Tamaño de la población
Clima
Densidad de población

Psicología y conducta del cliente

Es importante definir las características psicológicas del *target*: actitudes, creencias, esperanzas, temores, prejuicios, necesidades o deseos. Para estas definiciones se debe considerar:

Clase social
Estilo de vida
Líder/seguidor
Extravertido/introvertido
Independiente/dependiente
Conservador/liberal
Tradicional/abierto a los cambios
Con conciencia social/centrado en sí mismo

La psicología del cliente está relacionada con su comportamiento como consumidor y con su modalidad de compra y utilización de sus productos y servicios. Las preguntas a responder son:

- ❖ ¿Usan productos y servicios similares a los suyos?
- ❖ ¿Con qué frecuencia?
- ❖ ¿Qué beneficios percibe el cliente en su producto o servicio?
- ❖ ¿Cómo utiliza el cliente el producto/servicio?

Tamaño de Mercado

Una vez identificado el cliente, es posible definir su tamaño de su base de consumidores.

- ❖ ¿Qué tamaño tiene el mercado objetivo?
- ❖ ¿Hay millones de consumidores potenciales para comprar su producto?
- ❖ ¿O su *target* es un pequeño puñado de clientes muy importantes?

Si es demasiado grande, considere achicarlo y dedicarse a un nicho particular. Intentar vender a un gran cantidad de consumidores es difícil y costoso, especialmente porque es probable que la competencia le impida lograr una considerable porción del mercado.

Si es demasiado pequeña, podrá usted ser capaz de capturar los suficientes consumidores como para obtener una ganancia suficiente?

Tendencias de Mercado

Ha definido a su cliente y ha determinado su tamaño. Es

el momento de explorar las tendencias de su mercado. Dentro de los próximos años responda:

❖ ¿Qué tasa de crecimiento se puede esperar dentro de su *target*?

❖ ¿Qué cambios están ocurriendo y ocurrirán en su mercado?

❖ ¿Qué cambios se producirán en el uso futuro del producto o servicio?

Investigación

Muchas veces el mejor método para responder a la pregunta de selección de su *target*: "¿Quién es su cliente?" es invertir tiempo y recursos en una investigación de mercado primaria. Si es posible, trabaje con una firma de investigación de mercado para guiarlo a través del proceso.

Use Internet para localizar estudios de investigación de mercado y estadísticas para su plan de negocios. En Internet hay disponible numerosa información en forma gratuita suministrada por estudios profesionales de investigación de mercado.

Hable con la mayor cantidad posible de personas dentro de su grupo específico de clientes. Realice encuestas. Descubra lo que les gusta y lo que les disgusta, lo que quieren y lo que desean. ¿Cuál es el factor más importante en la decisión de compra? Considere trabajar con una firma de investigación de mercado.

No olvide la biblioteca. Es rica en libros, revistas, periódicos de investigación, guías de referencia y bases de datos de computadoras para ayudarlo a encontrar la información que necesita. Pida al bibliotecario que lo ayude; generalmente son extremadamente eficientes para localizar fuentes específicas en forma rápida.

Use sus propios ojos para descubrir detalles valiosos acerca de su *target* y los hábitos de sus compradores. Visite a sus competidores disfrazado de consumidor. Entre en una tienda relacionada con el producto o servicio que Ud. venda y fíjese en todos los detalles.

Errores Frecuentes

- ◆ Dar por sentado que todos serán compradores de su producto/servicio.

- ◆ No clarificar los atributos que definen a sus consumidores.

- ◆ Pretender muchos clientes y no un grupo de clientes bien definido.

- ◆ Explicar por qué el mercado está esperando su producto/servicio.

- ◆ Atacar demasiados mercados a la vez, particularmente en el inicio.

- ◆ Usar características demográficas no específicas, objetivas y observables.

Soluciones

- ➢ Concéntrese en explicar cómo satisfacer las necesidades de los clientes.

- ➢ Enfoque un mercado.

- ➢ Defina claramente las características demográficas de su clientela.

- ➢ Venda un producto o servicio específico a un grupo específico con herramientas específicas.

PROGRAMA DE MARKETING

Definido el mercado objetivo, es necesario determinar cómo será alcanzado. Explique los procesos a seguir para llegar hasta los clientes potenciales y convertirlos en clientes efectivos y fieles. Es importante demostrar a los inversores que Ud. ha identificado procedimientos específicos de marketing para posicionar efectivamente y vender su producto o servicio.

Es necesario responder las siguientes preguntas:

❖ ¿Qué medios de comunicación usará para contactar al consumidor?

❖ ¿Con qué frecuencia usará cada uno de los medios elegidos?

❖ ¿Cuánto costará cada uno?

❖ ¿Por qué eligió esos caminos de marketing por sobre otros?

❖ ¿Qué materiales de marketing necesita? (tarjetas, sitios web, folletos)

❖ ¿Quién escribirá el texto de los materiales de marketing?

❖ ¿Quién diseñará los materiales de marketing? ¿Cuánto costarán?

❖ ¿Por qué decidió emplear esos materiales y no otros?

❖ ¿Cuál es el costo unitario para llegar a cada prospecto o cliente?

❖ ¿Podrá atraer relaciones públicas y de prensa en forma gratuita?

❖ ¿Cómo se obtendrá una campaña de relaciones públicas y prensa?

❖ ¿Quién escribirá las gacetillas de prensa, quién manejará el proceso y mantendrá relación con otros editores?

❖ ¿Qué hace que su negocio llame la atención de las agencias de prensa?

❖ ¿Cuál es el punto de vista?

❖ ¿Qué valor dólar invertirá para obtener y mantener resultados de PR?

❖ ¿Cómo cambiarán sus estrategias de marketing a medida que su negocio crezca?

Errores Frecuentes

◆ Definir una estrategia de marketing demasiado amplia.

◆ Suponer que el éxito se obtendrá simplemente al capturar una "pequeña porción" del enorme mercado.

◆ Definir con poca claridad el *target* al que desea apuntar dentro del mercado.

◆ Intentar atacar a todo el mercado en vez de apuntar a un nicho angosto.

◆ Realizar afirmaciones sin investigación o evidencias claras.

◆ No identificar los medios que usará para promover su producto.

◆ Omitir detalles sobre cuándo, dónde, por qué y cómo Ud. alcanzará a su consumidor *target*.

◆ Afirmar que con sólo bajar el precio de sus productos se incrementarán las ventas.

◆ Subestimar la importancia del *packaging*, el nombre de la marca y la reputación de la misma.

♦ Intentar en forma inmediata abastecer varios mercados lucrativos, pero inconexos entre sí.

♦ No prever cómo los cambios futuros podrán influir en su mercado.

Soluciones

➢ Poner el foco en una estrategia definida de marketing.

➢ Conquistar un mercado a la vez.

➢ Pensar en nichos, siempre nichos.

➢ No realizar afirmaciones sin investigaciones que las puedan respladar.

Competencia

> *Este capítulo es una comparación entre su empresa y sus competidores actuales y potenciales. Identifique a todos sus competidores directos e indirectos: qué venden y cuánto venden (en unidades y en dinero), la cantidad de años que han estado en el negocio y su nicho de mercado. Marque fortalezas y debilidades de cada uno de sus competidores desde una perspectiva imparcial.*

Utilice gráficos mostrando la porción de mercado que pertenece a cada uno de sus competidores, las tendencias y cambios a lo largo del tiempo. Explique la porción de mercado que intenta capturar y cómo obtendrá esa penetración

Es importante ser honesto y honrado con sus competidores, con sus fortalezas y con sus debilidades. Piense que los inversores quieren ver qué otros negocios son rentables y exitosos en la industria.Si no presenta a sus competidores o sostiene no tener competencia, ¿por qué los inversores pensarán que hay un mercado para su producto o servicio? Presente una extensa información sobre la competencia y señale cómo su fortaleza en el nicho de mercado elegido se convertirá en un éxito.

Perfil del Competidor

Describa las características clave de los productos y servicios de la competencia tales como precio de venta, costos, calidad, durabilidad y necesidades de mantenimiento. Responda las siguientes preguntas:

* ❖ ¿Cuál es el valor percibido de su producto o servicio?
* ❖ ¿Es la imagen o el nombre de la marca un factor importante?

❖   ¿Dónde están ubicados?

❖   ¿Cuáles son sus políticas de crédito o términos de distribución?

❖   ¿Cómo funciona el servicio al cliente?

❖   ¿Cuán sólido es su acceso a proveedores, mayoristas, distribuidores y minoristas?

❖   ¿Tiene algunos socios estratégicos o patentes que pudieran causar problemas para su empresa?

❖   ¿Tiene economías de escala en lugares que dificulten a su empresa y a otras empresas la posibilidad de competir?

Porción de Mercado

Incluya un análisis de sus competidores por porcentaje de mercado. Si es posible, presente esta información en cantidades físicas y en unidades monetarias.

Prepare un análisis de los últimos cinco años para mostrar cómo la participación en el mercado ha cambiado a través del tiempo.

Comparación de Fortalezas y Debilidades

El análisis SWOT (*Strengths, Weakneses, Oportunities, Threatens*) o FODA (Fortalezas, Oportunidades, Debilidades y Amenazas) es una estructura conceptual que identifica las amenazas y oportunidades que surgen del ambiente y las fortalezas y debilidades internas de la organización.

El propósito fundamental de este análisis es:

Potenciar las fortalezas
Aprovechar oportunidades
Contrarrestar amenazas
Corregir debilidades

Las amenazas y oportunidades provienen del exterior de la empresa. Fortalezas y debilidades provienen de su interior. Analice exhaustivamente tanto el interior como el exterior para identificar estos cuatro elementos vitales para el análisis estratégico

Presente y compare claramente sus fortalezas con las de sus competidores. No olvide presentar sus debilidades. Cada compañía las tiene. Sea honesto y lógico acerca de las comparaciones que hace.

Barreras para Ingresar

Las barreras para el ingreso son todos los factores que dificultan ingresar y competir contra compañías ya establecidas. Considere las siguientes barreras:

Patentes de propiedad del producto.
Requerimientos de capital intensivo.
Requerimiento de experiencia y habilidad.
Dificultades de manufactura e ingeniería.
Saturación de mercado que no da lugar a más competidores.
Economías de escala.
Identidad de marca.
Acceso a la distribución.
Política gubernamental.

Fuentes de Información sobre la Competencia

¿Dónde se puede aprender acerca de la competencia? Investigue en las siguientes fuentes.

Asociaciones del sector
Guías comerciales publicadas.
Reuniones con grupos de opinión.
Internet.
Registro gubernamental de licencias, patentes y marcas.
Revistas.
Manuales.
Diarios.

Balances y reportes a los accionistas.
Agencias del gobierno.
Proveedores.
Cámaras de comercio.
Páginas Amarillas.

MODELO

Fortalezas, Debilidades, Amenazas y Oportunidades

El análisis FODA (o SWOT) permite orientar las acciones del equipo de *management* hacia el interior de la empresa y hacia su contexto:

HACIA ADENTRO	HACIA AFUERA
Construir desde fortalezas	Evitar amenazas
Resolver debilidades	Explotar oportunidades

Fortalezas

Investigación y desarrollo muy avanzados.
Bases para un sólido equipo de *management*.
Relación estrecha con el cliente más importante.
El producto inicial puede evolucionar hasta alcanzar una variedad de ofertas.
Ubicación próxima a un centro académico.
Un equipo de *management* y asesores homogéneo y especializado.
Un negocio bien delineado y manejado.

Debilidades

Poco capital de trabajo, muy dependiente de préstamos.
Necesidad de renunciar a instalaciones más grandes.
Demasiada dependencia de pocos miembros clave del equipo.
Equipo con poca vocación y habilidades en marketing.

Amenazas

Un importante competidor considera entrar en nuestro mercado *target*.
Tecnología emergente puede generar rápida obsolescencia.
Una caída en la economía puede reducir la demanda.
El euro se puede devaluar y afecta nuestra capacidad exportadora.
Los precios tienden a la baja y los márgenes se reducen.

Oportunidades

Los mercados de exportación tienen gran potencial.
Existen canales de distribución en busca de nuevos productos.
Oportunidad para diversificarse en segmentos de mercado relacionados.
Alianzas posibles con proveedores de tecnología.

Errores Frecuentes

- Creer que Ud. no tiene competencia.

- No identificar a los competidores tanto directos como indirectos.

- Subestimar el poder y la fuerza de los competidores.

- Omitir las ventajas competitivas específicas en relación con la competencia.

- No enfocar su posición y fortaleza para defender el nicho de mercado.

♦ No asegurar los FACLADE (factores claves del éxito) del negocio.

♦ Revelar ausencia de conocimiento y estrategias para enfrentar las condiciones cambiantes del mercado.

Soluciones

➢ Ubicarse en el lugar del competidor.

➢ No subestimar a la competencia.

➢ No sobrestimar el proyecto y su potencial.

➢ Definir y describir la presencia de los FACLADE (factores clave del éxito).

➢ Ser honesto en las afirmaciones.

Plan de Operaciones

Define las operaciones y el equipamiento necesario para generar y entregar su producto o servicio. Responda las siguientes preguntas:

Ubicación

❖ ¿Dónde estará ubicado su negocio?

❖ ¿Qué superficie se necesita, en cuántos lugares?

❖ ¿Qué tipo de espacio es?

❖ ¿Oficina, almacén, industria o una combinación de varias cosas?

❖ ¿Cuál es la ventaja, si es que la hay, de su locación?

❖ ¿Cuándo las necesidades superarán las instalaciones descriptas?

❖ ¿Hay un bosquejo de la disposición en planta *(lay-out)* de las instalaciones?

Equipamiento

❖ ¿Qué equipamiento es necesario?

❖ ¿Cuánto cuesta?

❖ ¿Cuál es la función de cada pieza del equipamiento en el conjunto?

❖ ¿Se comprará el equipo o alquilará?

❖ ¿Quiénes serán los proveedores?

❖ ¿Están incluidos los vehículos, computadoras y equipamiento de oficina?

Personal

❖ ¿Cuántos empleados necesitará? *¿Full-time?* *¿Part-time?*

❖ ¿Cuántos discriminados por función?

❖ ¿Cuáles son las habilidades requeridas?

❖ ¿Qué salarios se pagarán en los distintos niveles?

❖ ¿Qué criterios se usan para contratar empleados?

Procesos de Manufactura y Servicios

❖ ¿Hay un flujo de proceso que explica las etapas necesarias?

❖ ¿Dónde obtendrá y almacenará los insumos?

❖ ¿Cómo serán los procesos de compra?

❖ ¿Dónde se almacenarán los productos terminados?

❖ ¿Cómo se distribuirán los productos o servicios terminados?

❖ ¿Cuál es el tiempo promedio para el proceso total?

❖ ¿Cómo se medirá, controlará y mejorará la calidad?

❖ ¿Cómo se hará el control de inventario?

❖ ¿Qué tipos de seguro necesita su negocio?

❖ ¿Hay un calendario de actividades establecido?

Errores Frecuentes

◆ Definir confusamente los procesos para fabricar y distribuir el producto.

◆ Detallar incorrectamente los costos directos e indirectos de producción.

◆ No discriminar costos de fabricación, impuestos, envíos, instalación, mantenimiento, servicios, etc.

♦ No desarrollar normas para un control de inventario.

♦ No desarrollar normas con respecto a calidad.

♦ No identificar toda la maquinaria y equipamiento requeridos.

♦ No planificar correctamente el flujo del proceso de trabajo y los procedimientos de manipulación de material.

♦ No planificar adecuadamente las contingencias para poder resolver los imprevistos en los procesos.

♦ No planificar la influencia de los cambios tecnológicos previsibles.

Soluciones

➢ Consultar técnicos especialistas en la materia.

➢ Evitar vocabulario técnico específico de la industria.

➢ Utilizar gráficos cada vez que sea posible.

Plan Financiero

Es la sección del plan que obtendrá la máxima atención de sus inversores. Todas las ideas, conceptos y estrategias expuestos confluyen en un estado financiero y sus proyecciones. Nada interesa más que saber qué se hará con el dinero y cuándo aparecerán las ganancias.

El estado financiero y las proyecciones deben seguir las normas de contabilidad generalmente aceptadas. Los inversores están familiarizados con dichas normas y esperan verlas reflejadas en sus estados financieros.

No trate de inventar su propio método y forma de presentación de una declaración de estado financiero. Los estados financieros a presentar son:

Informe de ganancias y pérdidas.

1 año: proyecciones trimestrales.
2 o 3 años: proyecciones anuales.

MODELO

Proyección de Ganancias y Pérdidas						
	TRIM 1	TRIM 2	TRIM 3	TRIM 4	AÑO 1	AÑO 2	AÑO 3
Ventas	7.000	5.000	1.800	8.000	21.800	86.000	104.000
Costo de Ventas	5.000	3.500	1.250	7.000	16.750	52.000	67.500
Margen bruto	2.000	1.500	550	1.000	5.050	34.000	36.500
Gastos operativos	5.000	5.500	550	650	11.700	32.000	35.000
Ingresos operativos	-3.000	-4.000	-	350	-6.650	2.000	1.500
Ingresos no operativos	-	-	-	-	-	200	400
Total antes impuestos	-3.000	-4.000	-	350	-6.650	2.200	1.900
Impuestos	-	-	-	-	-	4	6
Ingresos netos	-3.000	-4.000	-	350	-6.650	2.196	1.894
Dividendos a distribuir	-	-	-	-	-	-	3
Capitalización	-3.000	-4.000	-	350	-6.650	-4.454	-2.557

Si es un negocio en marcha debe proveer las declaraciones de ingresos de los últimos tres años. La auditoría de los balances por parte de una firma contable de prestigio es un elemento de la máxima importancia para inversionistas y bancos

Balance

Primer año: proyecciones trimestrales.
Años siguientes: proyecciones anuales.

MODELO

Proyección de Balances							
	TRIM. 1	TRIM. 2	TRIM. 3	TRIM. 4	AÑO 1	AÑO 2	AÑO 3
ACTIVO							
Efectivo o equivalentes	2.400	2.600	2.300	1.900	3.500	4.800	6.250
Cuentas a Cobrar	4.200	4.500	3.800	3.250	4.100	14.500	16.250
Inventario	7.000	8.500	10.000	9.200	12.500	14.400	24.600
Equipamiento	46.000	48.000	52.000	52.000	45.000	48.000	62.000
Edificios	32.000	32.000	32.000	32.000	30.000	28.000	26.000
Varios	3.600	3.600	3.600	3.600	4.150	4.150	4.300
TOTAL ACTIVO	95.200	99.200	103.700	101.950	99.250	113.850	139.400
PASIVO							
Cuentas a pagar	8.200	8.500	15.100	14.100	8.500	12.600	16.000
Deuda a corto plazo	3.500	3.200	2.500	4.900	4.750	11.650	13.100
Deuda a largo plazo	42.800	48.100	49.400	43.900	42.500	44.500	58.950
Impuestos a pagar	3.200	3.100	3.100	3.100	3.800	4.200	4.600
Impuestos diferidos	2.500	2.200	2.200	2.200	2.800	2.950	3.100
Dividendos a distribuir	-	-	-	-	2.000	2.800	3.500
Patrimonio	35.000	99.200	103.700	101.950	99.250	113.850	139.400
TOTAL PASIVO	95.200	99.200	103.700	101.950	99.250	113.850	139.400

Si es un negocio en marcha debe agregar los balances de los últimos tres años. Reiteramos por su importancia que la auditoría de los balances por parte de una firma contable de prestigio es un elemento de máxima importancia para inversionistas y bancos.

FLUJO DE CAJA

Primer año: proyecciones mensuales.
Años siguientes: proyecciones trimestrales.

MODELO

Flujos de Fondos								
	TRIM 1	TRIM 2	TRIM 3	TRIM 4	TRIM 5	TRIM 6	TRIM 7	TRIM 8
SALDO INICIAL	2.400	2.600	2.300	1.900	1.600	4.150	3.800	3.500
más ORIGEN DE FONDOS								
Aporte socios	-	-	-	-	-	2.000	900	3.200
Incremento deuda corto plazo	2.000	-	-	2.400	2.400	-	-	-
Incremento deuda largo plazo	1.550	5.300	1.000	-	-	-	-	-
Ganancias operativas	-	-	-	350	200	500	500	300
Disminucion cuentas a cobrar	-	-	300	550	-	-	-	-
Disminucion inventarios	-	-	-	800	-	-	-	-
Amortizaciones	500	500	500	500	500	800	800	800
TOTAL	6.450	8.400	4.100	6.500	4.700	7.450	6.000	7.800
menos APLICACIÓN DE FONDOS								
Dividendos	-	-	-	-	-	-	-	2.000
Disminución deuda corto plazo	-	300	700	-	-	2.000	-	150
Disminución deuda largo plazo	-	-	-	4.900	350	350	400	300
Pérdidas operativas	3.000	4.000	-	-	-	-	-	-
Incremento cuentas a cobrar	150	300	-	-	200	300	100	250
Incremento inventarios	700	1.500	1.500	-	-	1.000	2.000	300
TOTAL	3.850	6.100	2.200	4.900	550	3.650	2.500	3.000
SALDO FINAL	2.600	2.300	1.900	1.600	4.150	3.800	3.500	4.800

ANÁLISIS DE PUNTO DE EQUILIBRIO

Este análisis muestra el volumen de ventas, en unidades físicas y en monetarias, que se debe generar para cubrir gastos fijos y variables. A partir del punto de equilibrio, su proyecto comienza a ser rentable. Presente la información en gráficos.

Análisis de Punto de Equilibrio					
Unidades Vendidas	Costo Fijo	Costo Variable	Costo Total	Ingreso	Ganancia (pérdida)
0	5.000	-	5.000	-	-5.000
100	5.000	1.000	6.000	2.000	-4.000
200	5.000	2.000	7.000	4.000	-3.000
300	5.000	3.000	8.000	6.000	-2.000
400	5.000	4.000	9.000	8.000	-1.000
500	5.000	5.000	10.000	10.000	-
600	5.000	6.000	11.000	12.000	1.000
700	5.000	7.000	12.000	14.000	2.000
800	5.000	8.000	13.000	16.000	3.000
900	5.000	9.000	14.000	18.000	4.000
1000	5.000	10.000	15.000	20.000	5.000
1100	5.000	11.000	16.000	22.000	6.000
1200	5.000	12.000	17.000	24.000	7.000

Gráfico punto de equilibrio del proyecto

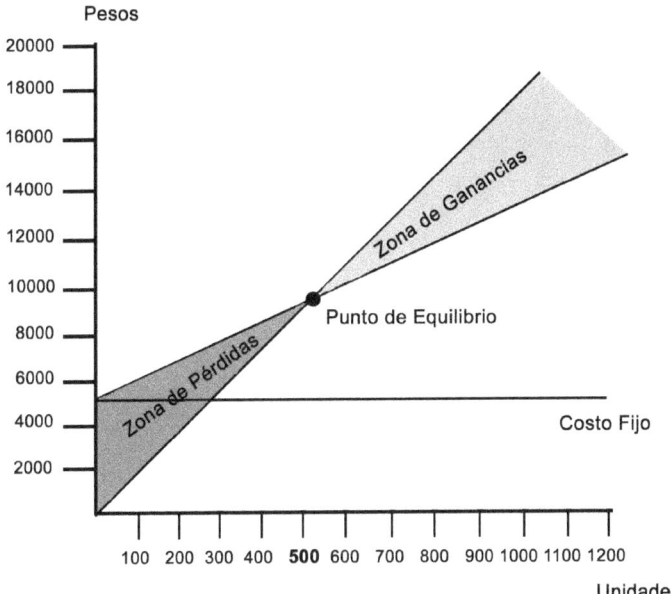

HIPÓTESIS UTILIZADAS

MODELO

Es necesario explicitar con claridad las hipótesis utilizadas para desarrollar los estados financieros. Son las "razones detrás de los números" que sus inversores necesitan saber para evaluar la veracidad de las proyecciones financieras.

❖ El pronóstico de ventas está calculado en base a una venta inicial de 1.200 unidades por mes que se incrementará a razón del 4% mensual.

❖ Los precios en el primer año se mantendrán constantes. En el segundo año bajarán un 8% y en el tercero, un 15%.

❖ El plazo promedio de cobranza será 60 días, siendo éste el promedio de la industria.

Errores Frecuentes

♦ No presentar proyecciones financieras completas.

♦ Presentar proyecciones poco realistas y sin fundamento.

♦ Omitir las hipótesis tomadas para realizar las proyecciones financieras.

♦ Presentar proyecciones "creativas", sin criterios contables aceptados.

♦ Subestimar los gastos.

♦ No tomar una previsión para gastos imprevistos.

♦ Omitir el aporte financiero de los fundadores.

♦ Incluir excesivos gastos de salarios y oficina al comienzo.

♦ Ofrecer un porcentaje menor al inversor que el correspondiente.

♦ Ofrecer un retorno sobre la inversión fuera de la realidad de su industria.

♦ Omitir planes de contingencias para enfrentar los peores escenarios.

Soluciones

➢ No consultar las proyecciones con un profesional contador

➢ Ser honesto.

➢ Imaginar todos los escenarios posibles, inclusive el más desfavorable.

➢ Evitar el optimismo exagerado que lleva a proyecciones poco realistas.

Equipo Gerencial

Muchos inversores basan enteramente su decisión de inversión en el equipo de management *a cargo del proyecto. Este capítulo tiene que demostrar claramente que cada persona del equipo es la más adecuada para las funciones que estarán a su cargo.*

Es conveniente limitar la presentación a un equipo de tres a cinco personas, que serán responsables de las operaciones que tendrán mayor influencia en el éxito del negocio.

El resto del personal empleado debe estar incluido en el capítulo de Operaciones.

EQUIPO

Los inversores no confían en la capacidad de una sola persona para llevar adelante un proyecto. Esperan ver un mínimo de tres a seis ejecutivos experimentados en el equipo de *management*. Incluya en el informe un organigrama que aclare el esquema de funciones y responsabilidades.

Para cada una de las posiciones describa:

Título de la posición
Deberes y responsabilidades de cada posición: tareas, responsabilidades, a quiénes supervisan y de quién dependen.

Experiencia
Trabajos previos en la industria en puestos similares. En qué empresa, qué hacían, por cuánto tiempo.

Logros
Éxitos en trabajos previos. Equipos que integraron, proyectos que concretaron, responsabilidad en cambios o

implementación de ideas novedosas.

Educación
Breve descripción de la educación universitaria y de posgrado.

Directorio
Breve descripción de los miembros del directorio, el rol que jugarán en el proyecto, sus antecedentes y las contribuciones que cada miembro se espera que haga a la compañía.

Consultores
Breve mención de los consultores externos que trabajarán a medida que la compañía se vaya desarrollando. Una lista típica de consultores incluye contadores, abogados, asesores impositivos, banqueros, agentes de seguros y expertos en diversas áreas.

Tenga en cuenta que los inversores tienden a valorar el equipo de management *por encima de cualquier otro factor del proyecto.*

EQUILIBRIO

El grupo debe ser equilibrado; no un grupo de clones sino un conjunto de personas que cubran las habilidades necesarias para desarrollar un negocio en particular.

Un grupo heterogéneo incrementa las oportunidades de que cada función del negocio (marketing, ventas, administración, operaciones, finanzas, manufactura, ingeniería) sea atendida por un experto.

Evite la tendencia de formar un equipo de *management* con gente que sea exactamente igual a Ud. Podría sentirse bien al trabajar con amigos, familia y otros que compartan su entorno, pero los inversores verán a un grupo no preparado para los inevitables desafíos que se presentarán.

Los equipos iniciales de *management* generalmente se limitan a un líder o a un pequeño grupo de fundadores de la compañía. Si ésta es la realidad de su negocio, no trate de evitarla o pretender que los empleados sean directivos. En lugar de eso, concéntrese en las fuerzas de su actual equipo de trabajo y defina planes específicos y realistas para incorporar nuevos miembros en el futuro.

FORTALEZAS DEL LIDERAZGO

¿Qué cualidades personales y de negocio posee Ud. que lo hagan necesario para este empleo? ¿Qué características, habilidades, rasgos personales o experiencias ha desarrollado que lo lleven a triunfar en este puesto? Esto puede incluir experiencia industrial, la habilidad para motivar a otros, competencia en marketing o cualidades interpersonales.

La experiencia fuera del área de negocios también puede ser relevante: ser miembro de algún club, movimiento cívico o actividad comunitaria

Errores Frecuentes

♦ Depender de amigos o familiares no calificados en posiciones clave.

♦ Asumir que un éxito anterior en otra posición asegura el éxito en su proyecto.

♦ Presentar una filosofía de *management* centrada en una sola persona.

♦ Intentar atraer a los directivos principales sin compartir la propiedad.

♦ No conseguir reunir un directorio de gran conocimiento.

♦ Falta de un acuerdo de no competencia entre los miembros clave del equipo de *management*.

Soluciones

➢ No confiar sólo en los amigos por el solo hecho de ser amigos.

➢ No confiar en familiares, por el solo hecho de ser parientes.

➢ Concentrarse en las competencias requeridas para un proyecto exitoso.

➢ Desenfocar las necesidades propias y enfocar las necesidades del negocio.

Riesgos Críticos

Es necesario demostrar que hay una clara conciencia de los problemas potenciales que podrían amenazar a su proyecto y que hay planes de contingencia para manejar estos riesgos. Poder enfrentar los riesgos del negocio en forma realista revela que hay una comprensión del contexto del negocio y que se han diseñado planes para enfrentar los desafíos potenciales.

Considere los siguientes escenarios posibles:

Competencia

❖ ¿Cómo podrán sus competidores responder o neutralizar sus esfuerzos?

❖ ¿Cómo reaccionará Ud. en ese caso?

Management

❖ ¿Qué políticas tiene para asegurar la continuidad de su liderazgo?

❖ ¿En caso de necesidad, dónde y cómo atraerá a los miembros adicionales para su equipo de *management*?

❖ ¿Cuáles son sus planes ante la pérdida de personal importante?

❖ ¿Ha considerado y negociado acuerdos de no competencia con miembros clave del *management*?

Factores Clave del Éxito

❖ ¿Están definidos los factores clave del éxito de la industria?

❖ ¿Qué haremos para procurar los factores de éxito que no tenemos?

Legales

❖ ¿Qué patentes, derechos de autor y marcas registradas son importantes para su empresa?

❖ ¿Cómo planea proteger estas propiedades?

❖ ¿Qué pasos ha dado ya en este sentido?

❖ ¿Qué licencias deben ser obtenidas y mantenidas?

❖ ¿Qué regulaciones afectan el negocio y es necesario monitorear?

Otras Áreas de Vulnerabilidad

❖ Obsolescencia tecnológica acelerada.

❖ Expectativa de productos más baratos en un futuro inmediato.

❖ Tendencias cíclicas en el mercado.

❖ Cambios estacionales de sus productos o servicios.

❖ Factores económicos generales.

Para conseguir adhesiones es importante presentar tanto los aspectos positivos como negativos de su negocio. Los inversores entienden claramente que existen riesgos asociados a todo negocio. Son hombres de éxito justamente porque no ignoran los riesgos sino que los enfrentan:, haga Usted lo mismo. Demuestre que puede tener un panorama global del negocio y que puede enfrentar con decisión las situaciones de crisis.

Errores Frecuentes

♦ No identificar y cuantificar las barreras del mercado.

♦ No reconocer debilidades de *management*.

♦ No presentar una valoración honesta de los aspectos negativos de su negocio.

♦ No calcular factores incontrolables de negocios ni presentar planes de contingencia.

Soluciones

➤ Asumir que todo negocio tiene riesgos.

➤ Valorar con precisión los riesgos del proyecto.

➤ Considerar siempre el peor escenario como algo que puede ocurrir.

➤ Enfrentar el riesgo y manejarlo de frente, con decisión.

Estrategia de Salida

Los inversores necesitan un plan de salida para que puedan recobrar su dinero, obtener una ganancia y dejar el negocio. Presentar las salidas posibles es el objeto de este capítulo.

La falta de una sólida y realista estrategia de salida que demuestre cómo los inversores recuperarán su dinero puede cerrar el camino para lograr fuentes de capital. Las oportunidades para conseguir un inversor estarán seriamente reducidas sin una definición clara de la forma en que podrán salir del negocio.

En caso de que el objetivo del plan de negocios sea un préstamo bancario tenga en cuenta que la estrategia de salida para un banco es un sólido flujo de fondos que permita la devolución del crédito en tiempo y forma.

Considere las siguientes opciones:

SUSCRIPCIÓN PÚBLICA DE ACCIONES

Descripción
Vender las acciones de la compañía a través de una oferta pública de acciones a ser comercializadas en la bolsa de valores.

Ventajas
Los inversores pueden recuperar liquidez vendiendo sus acciones en el mercado de valores. Los tenedores de acciones mayoritarios generalmente mantienen el control. Alto potencial de rédito.

Desventajas
La compañía debe tener un enorme potencial de crecimiento para poder salir a la bolsa. El tamaño mínimo requerido es muy grande. Es un proceso costoso y de resultado incierto. Los tenedores de acciones mayoritarios pueden estar limitados en lo referente a sus posibilidades de vender

acciones. Está sujeto a ofertas hostiles de inversores financieros.

ADQUISICIÓN POR ESTRATÉGICA POR EMPRESA

Descripción
El negocio es comprado por otra empresa existente por razones estratégicas.

Ventajas
Se recibe dinero en efectivo o valores, generalmente aportados por el comprador. Los contratos gerenciales pueden ser negociados.

Desventajas
Hay riesgos de cambio de gerenciamiento (*management*). La identidad corporativa puede desaparecer.

ADQUISICIÓN POR INVERSOR ESTRATÉGICO

Descripción
El negocio es comprado por un fondo de inversiones o un inversor financiero.

Ventajas
Se recibe dinero en efectivo o valores, generalmente aportados por el comprador. El equipo gerencial no se modifica. La identidad corporativa se mantiene.

Desventajas
Inestabilidad porque los fondos compran para vender en un corto o mediano plazo. Desconocimiento detallado de las características del negocio.

VENTA

Descripción
El negocio es comprado por otros individuos.

Ventajas
Se recibe efectivo en forma inmediata.

Desventajas
Debe encontrar un comprador dispuesto, que generalmente implica un nuevo equipo de *management*.

FUSIÓN

Descripción
Unirse a una empresa existente.

Ventajas
Puede recibir valores y algo de efectivo. Los recursos de ambas empresas se potencian. El gerenciamiento actual puede continuar.

Desventajas
Nuevos socios o jefes. Menos control. Puede recibir poco dinero en efectivo.

COMPRA POR PARTE DE UN SOCIO DE LA EMPRESA

Descripción
Uno o más tenedores de valores le compran a los otros.

Ventajas
El que vende, recibe dinero en efectivo; los otros socios se quedan con el control de la empresa.

Desventajas
Debe haber un vendedor dispuesto; los compradores deben tener suficiente efectivo para comprar la parte de los otros.

FRANQUICIA

Descripción

Vender el concepto de negocio para que otros lo reproduzcan.

Ventajas
Hay ingreso de efectivo. Es posible continuar el actual gerenciamiento. Hay grandes posibilidades de crecimiento.

Desventajas
El concepto de negocio debe ser apropiado para la franquicia. Es legalmente complejo.

> *El hecho de incorporar una variedad de estrategias de salida bien pensada que tenga en cuenta el tipo de negocio, los objetivos personales y los objetivos de los inversores es la mejor manera de lograr la confianza y obtener las adhesiones para concretar el proyecto.*

Errores Frecuentes

♦ Asumir que Ud. tiene un negocio con el potencial de salir a la bolsa.

♦ No explicar a sus inversores cómo recuperarán su inversión.

♦ No considerar sus metas personales en el momento de planificar la estrategia de salida.

♦ Ignorar por completo esta sección en su plan de negocios o directamente no tener ninguna estrategia de salida.

Soluciones

➢ Incluir siempre una estrategia de salida.

➢ Ponerse en el lugar del inversor.

➢ Explicitar su posición personal y sus objetivos en cada opción de salida.

Apéndices

Las secciones más importantes de su plan de negocios deberían contener solamente los puntos sobresalientes de su negocio.

Incluir cada dato que ha recolectado en la sección principal de su plan de negocios resultará en información redundante y hará dificultosa la lectura del plan.

Considere incluir la siguiente información en el apéndice:

❖ Currículum vitae del equipo gerencial.

❖ Imágenes de productos, ubicaciones, etc.

❖ Copias de órdenes de compra.

❖ Planos de planta.

❖ Materiales de marketing.

❖ Detalles de los procesos de manufactura y maquinaria.

❖ Investigaciones de mercado, encuestas y resultados.

❖ Detalle de las proyecciones financieras.

❖ Otros documentos importantes.

Sea cuidadoso e incluya solamente aquellos materiales que brinden una información realmente significativa y una comprensión adicional en los temas relacionados con el plan de negocios.

Para mayor información sobre nuestros productos:

www.autodesarrollo.com

www.autoayudaparagerentes.com

www.ingramcontent.com/pod-product-compliance
Lightning Source LLC
Chambersburg PA
CBHW071630170526
45166CB00003B/1266